TW : tentative de suicide, alcool, drogue, autodestruction

Avant-propos

<u>Prévention sur les éventuels TW</u>

Acronyme de l'expression anglophone "trigger warning", le TW est principalement
utilisé sur les réseaux sociaux pour avertir que le texte qui suit est
potentiellement choquant.

<u>Pathologies évoquées</u>

– le trouble de la personnalité borderline/trouble d'état limite (TPB) : il se
caractérise par des variations extrêmes d'humeur, des relations interpersonnelles
instables, une instabilité de l'image de soi et des impulsions impulsives.

– les troubles du comportement alimentaire (TCA) : ils englobent des troubles tels
que l'anorexie mentale, la boulimie nerveuse et les troubles de l'alimentation non
spécifiés. Ils se manifestent par des préoccupations excessives concernant le poids et
la forme du corps, ainsi que des comportements alimentaires perturbés.

– le trouble dissociatif de l'identité (TDI), se caractérise par la présence de
plusieurs identités distinctes ou états de personnalité, chacun avec son propre
modèle persistant de perception, réaction et relation avec le monde et soi-même. Ces
identités peuvent prendre le contrôle du comportement de la personne à différents
moments.

– le trouble anxieux généralisé (TAG) est caractérisé par une préoccupation
excessive et persistante ainsi que par des inquiétudes chroniques concernant divers
aspects de la vie quotidienne, accompagnées de symptômes physiologiques tels que
la tension musculaire et les troubles du sommeil.

<u>Prévention anti auto-diagnostique</u>

Il est impératif de formellement dissuader toute tentative d'auto-diagnostique de
trouble de la personnalité borderline (**TPB**). Cette mise en garde est d'autant plus
essentielle étant donné que l'auteure, une individuelle majeure déjà diagnostiquée,
en témoigne. Il convient de souligner que l'auto-diagnostique présente des risques
significatifs, notamment celui de la surinterprétation des symptômes et de
l'identification erronée avec des descriptions psychopathologiques.

© 2024 Leria Cesarini
Édition : BoD – Books on Demand, info@bod.fr
Impression : BoD – Books on Demand, In de Tarpen 42, Norderstedt (Allemagne)
Impression à la demande
ISBN : 978-2-3225-2357-3
Dépôt légal : Juillet 2024

Aujourd'hui, mon être est mort.
alors je me permets de reprendre Camus.

LIMITE IDYLLIQUE

Leria Cesarini

C'est la fille aux constellations sur la mains.
Elle viendra un jour de pluie dessiner le soleil.

Au soir vient ma nausée
nausée de malnutrition
                                        ou nausée de déni,
n'oser en parler, nausée de ma vie.

C'est le corps serré,
le cœur noyé
que j'ai perdu pieds,
                                    pris la nausée

Nausée sans cesse rejouée,
oser le silence meurtrier,
estomac contracté,
tête embaumée,
cœur étranglé,
chair mutilée.
                    Douleur de mon passé
                     qui appelle la nausée

Alors châtier,
sangloter
pour [m]'oublier.

              A petit feu de nausée,
           mon être en vomissait.
                        à l'imparfait ?

Jeu d'acteur

Je ne sais combien d'âmes j'ai écrivait Fernando Pessoa, et moi, je ne sais combien nous sommes dans cette tête qui est mienne.
Cela porte un nom que je n'ai pas voulu admettre dans l'immédiat. C'est lorsque ces entités se sont trop manifestées que j'ai accepté le terme du trouble dissociatif de l'identité.

Il y a la peste narcissique
celui qui est perfectionniste au possible
l'anxieuse, qui tente de nous préserver des autres
la plus néfaste, qui ne gère pas les pulsions, qui se détruit à petit feu
celle qui vomit tout ce qu'on ingère
une autre, qui fume tout ce qu'elle trouve
et puis celle qui se gave de bonheur à travers la nourriture.

Je sais qu'il y en a d'autres, des alters plus discrets, comme j'aime les appeler. Et ce n'est qu'à la fin d'une crise de dissociation que je prends conscience que ce n'était pas vraiment moi, que cette folle-à-lier n'était qu'une petite part de ma personne. Tout cela s'était déclenché avant la clinique, je me croyais cinglée et illégitime d'oser dire que je n'étais pas la seule responsable de mes faits et gestes. Cela a duré des semaines, des mois entiers où j'étais seulement spectatrice des dégâts causés. Je suis redevenue actrice de mes actes lorsque le diagnostic et les médicaments adéquats furent posés. Mais je sais désormais que je ne serais plus jamais l'actrice principale de ma propre vie.

Ma douce tulipe,
à quel jeu sommes-nous vouées ?
Celui où tu m'aimes et moi en secret.
J'aimerais obscurcir ce doute, cette peur
et nous laisser une chance de faire
éclore nos fleurs.

Jeanne

Louise dormait encore à poings fermés tandis que le jour pointait le bout de son nez dehors, là-bas, caché au-dessus de son épaule, juste derrière le rideau. Quel merveilleux prétexte pour rester au lit, spectatrice de ma muse et du soleil en même temps. Quel merveilleux prétexte pour en écrire quelques vers, ai-je aussitôt pensé, et c'est en attendant que le soleil m'aveugle juste assez que j'ai précipitamment quitté le lit et filé m'habiller, avant de déposer un baiser sur son front et de quitter le domicile.
Celle-ci commençait à se réveiller en entendant la porte se refermer et, de ses petits yeux du matin, elle m'écrivit un texto me souhaitant bon courage, surplombé de cœurs.

J'étais en première année d'études supérieures, c'était donc le commencement de l'indépendance, de l'émancipation et de l'éloignement de la famille. Et puis l'angoisse, la solitude, la boule au ventre et les maux qui suivaient, avec son lot de misères. Tout cela peut sembler étranger à un étudiant lambda, mais en réalité, qui ne se reconnaîtrait pas lui-même en ces dires ?
Nous n'avions pas les mêmes horaires, mais c'est à peu près sereine et heureuse le matin que la pensée qu'elle serait chez moi ou bien que je serai chez elle le soir-même, en rentrant, à la fin de la journée, me faisait tenir bon. Louise n'imaginait même pas à quel point elle m'aidait à tenir bon, à maintenir le cap et à accepter d'aller en cours malgré l'angoisse.

Mais de quelle angoisse parles-tu ? m'a un jour demandé Marie. L'angoisse change constamment, elle s'amplifie, change de direction d'une seconde à l'autre, comme celle de ne pas être à la hauteur, de ne pas avoir assez travaillé les cours. Mais aussi l'angoisse d'être dans une classe d'une quarantaine de cerveaux en ébullition, l'angoisse de ne pas fumer ma clope assez vite pendant la pause, l'angoisse de ne pas trouver le temps de passer aux toilettes. L'angoisse de ne pas réussir la khôlle, l'angoisse de lever la main ou encore l'angoisse d'oser parler aux autres.

Ces angoisses quelque peu futiles et invraisemblables s'éteignaient lorsque j'étais auprès de Louise. C'était comme si, avec elle, toutes ces choses effrayantes, repoussantes et déprimantes construites de toutes pièces par mon esprit disparaissaient. Quand Lou s'endormait auprès de moi, lorsque je sentais son souffle dans mon cou, mon cœur s'apaisait et les crises nocturnes n'avaient pas lieu. Louise ne m'a, contrairement à d'autres, jamais dit de renoncer à mes rêves prétentieux.
C'est avec elle que j'ai découvert l'amour au féminin.

Je veux goûter
à ses lèvres
doux parfum fièvre
et son corps sillonner
une dernière fois,
avant qu'il ne soit
trop tard
et que périssent
nos âmes
noyées
emportées

embrassées

Ici tout commence
à l'aube et ses lueurs.
Devant une page blanche,
je réécris les heures.

Ariel

Ces salauds ont pris mon chargeur de téléphone, les lacets de mes chaussures, mes gels douche, les ciseaux à ongles, les limes en métal et les aiguilles à tricoter pour prévenir les risques de blessures, les médicaments non prescrits ainsi que les substances en poudre ou liquides non identifiées, les ceintures en cuir et les cordes, les miroirs en verre, les bouteilles de parfum en verre et les objets en céramique, les batteries externes et tout objet électronique, les stylos, les crayons, les règles en métal et les bouteilles en plastique, les petits jouets, les élastiques et les boutons sont également retirés, tout comme les bijoux de valeur, les montres coûteuses et les objets de collection, et j'en passe. C'est avec un malin plaisir qu'ils ont fait l'inventaire de ma valise en deux sacs distincts : le premier, contenant des choses disponibles d'accès auprès des infirmiers, puis un deuxième sac qui ne me sera rendu que lors de ma sortie −dont l'évocation est bien trop précipitée à ce stade de mon récit.

J'ai rapidement constaté que la plupart des aînés traînaient sereinement en pyjama toute la journée, sauf en cas de visite où ils ressortaient du placard jeans et chemises colorés. Pour ma part, je piochais hasardeusement des vêtements chaque jour dans ma buanderie. Après tout, je n'avais pas le droit de sortir, et les rares proches qui viennent me rendre visite m'ont pour la plupart déjà vue en plus piteux état ; en lendemain de soirée, par exemple.
Ils m'ont surnommée « l'enfant », « la petite », « le bébé qui fume », parce que je suis la plus jeune de toute la clinique. Alors à mon tour, j'ai osé répondre sur le même ton, *un tantinet soit peu* comme écrivait

14

Queneau, et j'ai enchaîné les « vieillards », « pépés »
et les « mémés » sans la moindre gêne.

Après tout, nous étions 11 dans cette unité, et nous
nous retrouvions forcément face à face lors d'une
pause clope dans ce que je surnomme le pigeonnier, la
cage, voire, la prison. Chaque mouvement était minu-
tieusement surveillé par des petits yeux curieux et im-
patients de faire remonter aux psychiatres les exploits
calomnieux de leurs patients attitrés. Nous les
voyions, ces gardiens qui chassaient l'anomalie, les
mains en évidence sur le clavier de l'ordinateur, décri-
vant soigneusement chaque faux-pas de l'animal en
cage que nous étions, nous, les patients, les malades,
ou peut-être devrais-je employer le terme dont on ne
parle pas ; ceux qui ont raté leur tentative de suicide.

Ces choses-là sont difficiles à admettre, mais si
j'avais plongé en un sommeil éternel, je ne serais pas
là, à prendre des cachetons six fois par jour, et à cher-
cher comment me divertir au milieu de cet EHPAD
ambulant.

Scène de crime
sur corps saveur épine.

Appels sur appels.

BAM

Les poulets caquettent derrière la porte
ils crient,
ils cognent,
mais le sommeil l'emporte.

Seule la sirène parvient à me réveiller
sa voix s'approche de trop près

Et puis

BIP BIP BIP

Retour des enfers infernal.

Jeanne

Marie, Jeanne, Paul et Thomas.
Quatrième rangée, à gauche. Enfin, à droite au ta-
bleau, mais à gauche au tableau. Dernière lignée avant
celle du fond, nous sommes, nous étions, nous serons,
nous régnons sur notre territoire.
J'arrive souvent en première, et me voilà, tous les ma-
tins, à disperser tout mon sac sur les quatre tables,
pour être certaine que personne ne s'installera à nos
places.

Marie, elle a tout ; elle est jolie, intelligente, drôle, in-
téressante, à l'écoute et j'en passe. C'est la voisine de
classe idéale, que dis-je, c'est la copine avec qui l'on
passe volontiers une soirée aussi bien au calme qu'en
vadrouille dans les rues. Paul et Thomas sont devenus
de très bons copains, à vrai dire, mes premiers co-
pains, et l'un comme l'autre, l'un sans l'autre, l'un avec
l'autre, nous passons de bons moments.
Thomas a le même humour tordu que moi. Nous rigo-
lons sans cesse, trop fort et bien trop souvent pour la
formation que nous suivons – que nous essayons de
suivre tant bien que mal, surtout mal en réalité, mais
c'est une autre histoire.
Quant à Paul, je ne cesse de remercier le ciel de l'avoir
mis sur mon chemin.

L'amitié revêt une importance primordiale dans ma
vie. Elle me procure, comme elle procure à tous, bon-
heur et bien-être. Cela fait du bien, de se sentir soute-
nue et comprise là où l'enveloppe familiale n'accepte
pas, ne comprend pas. Paul, Marie, Thomas et moi
nous épaulons réciproquement dans les moments

difficiles et pour partager nos joies, les plus infimes soient-elles.

Un après-midi, le soleil dansait au-dessus de nos têtes, répandant sa chaleur bienveillante sur notre petit groupe. Thomas avait proposé une escapade dans la nature, une randonnée improvisée à travers les collines verdoyantes. Nous voilà donc, Marie, Paul, Thomas et toi, arpentant les sentiers sinueux, racontant nos anecdote et souvenir partagés, nos rires éclatant comme des éclats de lumière dans l'air paisible. Chaque pas posé était une aventure, chaque découverte une nouvelle raison de jubiler. Alors que nous étions en train de nous reposer à l'ombre d'un vieux chêne, Paul sortit de sa housse une guitare acoustique, un sourire espiègle aux lèvres. Il entama ainsi une mélodie familière, une chanson que nous aimions tous, et bientôt nos voix se joignirent à la sienne dans un joyeux concert improvisé. Marie avait apporté un panier rempli de délices : des fruits juteux, des biscuits faits maison, et une bouteille de vin pétillant pour trinquer à notre amitié. Nous avons ri, chanté, partagé des histoires et des rêves, le temps semblant suspendre son vol pour nous laisser savourer ces précieux instants de complicité. Le coucher de soleil a peint le ciel de teintes dorées alors que nous entamions le chemin du retour, nos cœurs emplis de la chaleur de cette journée parfaite. Ce souvenir reste gravé dans nos esprits comme un précieux trésor, un reflet éclatant de l'amour et de l'amitié qui nous unissent, indéfectiblement, pour toujours.

Boule anxiogène,
gronde en mon être.
vague éphémère
émanant de l'enfer.

Crépitent les pulsions,
l'obsession chante en chœur.
défaillance du système,
victoire de l'envahisseur.

L'angoisse se déguise,
et le diable apparaît.

Il sort sa guillotine.

Le souffle coupé,
les joues rougies,
ai-je perdu la vie ?

Rose-Aimée

Au petit matin, j'étais spectatrice de ces nouveaux de l'unité qui attendaient à la file indienne devant le bureau des infirmiers pour récupérer de quoi passer du temps sous la douche. Ayant moi-même été dans ce cas avant d'investir dans un savon solide, il m'aurait été tout à fait possible de lâcher quelques secondes mon bouquin pour annoncer que la relève n'aurait pas lieu avant deux heures. Mais je me complaisais dans ce que l'on pourrait accuser de mesquinerie ou bien de simple lassitude, gardant le silence et les yeux rivés sur eux. Ce n'est qu'un détail qui aurait été fort utile à la troupe agglutinée, mais je suis restée bouche cousue. J'eus tendance à ne pas vouloir me mêler des affaires des autres, à contempler sans agir. Que craignais-je, qu'une histoire de gel douche me mette dans une situation regrettable ? C'est l'effet clinique psychiatrique, j'évitais le moindre contact, la moindre parole, la moindre mise en garde, même pour une affaire de savon.

Certains portaient des lunettes de soleil à longueur de journée, d'autres avaient des chaussures ôtées de leurs lacets. Les plus insupportables furent les spécialistes des chaussons qui traînaient et que l'on entendait à des kilomètres. J'exagère, l'unité était minuscule ; huit chambres dont deux doubles.
L'après-midi de mon arrivée, après avoir mijoté des heures dans la salle d'attente, on m'a enfin montée à ma chambre, et j'ai découvert que j'avais de la compagnie. C'est en entassant du mieux que je le pouvais mes nombreux livres dans les tiroirs que *Mourir* de Schnitzler m'a fait de l'œil, alors je l'ai entamé, attendant que l'après-midi et les médecins en tout genre

passent me voir. Tous ont eu leur mot à dire sur ce choix de lecture qui était tout sauf anodin.

Une infirmière, après constat du spécialiste, est venue s'occuper de mes plaies. Et ce fut en ce moment quelque peu désagréable que ma voisine de chambre est apparue, surprise de me voir. Le sourire aux lèvres, elle s'est présentée à moi, alors j'ai affronté ma timidité et l'angoisse qui bouillonnait en moi s'est tue. Je me suis présentée à mon tour ; seulement deux ans d'écart entre nous.

C'est assez rapidement qu'un lien assez fort s'est tissé entre Sarah et moi. Nous sommes les deux gamines de la clinique, ce qui a permis de profondes discussions nocturnes lorsque le médicament ne nous endormait point à l'heure prévue, tout comme cela a provoqué un certain agacement de la part du corps médical, car nous n'agissions jamais plus l'une sans l'autre. Nous avons fait les 400 coups, à fumer tout et n'importe quoi, à sécher les activités thérapeutiques et à se réfugier l'une envers l'autre lors des moments plus difficiles.

Je me sens comme
un petit nuage
débordant de pluie
au milieu de soleils
qui me brûlent la peau.

Sigmund

Aimez-vous les chats ? Sans doute. C'est le genre d'animal que la plupart des gens trouvent mignon, rigolos, doux. Certains sont sauvages, d'autres domestiqués, mais la plupart se laissent caresser. Les chats, comparés aux humains, possèdent une grâce naturelle et une indépendance qui les distinguent. Leur agilité et leur élégance dans les mouvements sont remarquables, que ce soit lorsqu'ils se prélassent au soleil ou lorsqu'ils bondissent avec une précision étonnante pour attraper leur proie. Leur intuition et leurs instincts affûtés les rendent à la fois redoutables prédateurs et compagnons attentifs, capables de percevoir les émotions de leurs propriétaires. Contrairement à certains humains, ils sont affectueux, réclament des caresses. Leur indépendance est également une qualité louable, leur permettant de s'occuper seuls et offrant à leurs propriétaires une liberté appréciable. Quand ils sont agacés par toutes ces mains et ces mimiques, il leur arrive de sortir une griffe ou de simplement décamper. Ils peuvent parfois être capricieux, passant rapidement d'une attitude affectueuse à une indifférence apparente. Leur instinct de chasse peut par ailleurs poser un problème dans un environnement domestique, mettant en danger les petits animaux de compagnie ou la faune locale. Certains chats peuvent aussi avoir un besoin d'indépendance excessif, ce qui peut être décevant pour les propriétaires cherchant une interaction plus constante.
Mais malgré ses défauts, c'est sympa, un chat.

Je fais cependant partie de cette minime secte qui n'aime pas cet animal. Je suis ce genre d'ami qui refuse de caresser le compagnon préféré, j'en suis de temps en temps presque à demander s'il est possible de sortir l'animal de la chambre. J'ai grandi en développant ce, je ne sais quoi, cette aversion profonde, pour ne pas dire désapprobation marquée ou plus simplement, cette haine envers les chats.

Néanmoins, la clinique possède deux chats qui vadrouillent dans le parc. Ceux-là ne me dérangent pas pour la simple et bonne raison que lorsque j'ose approcher ma main, leur poil est semblable à celui de ma lapine.
Avec le temps, j'ai repéré les horaires des médicaments, des sorties comme des repas, et j'ai assez vite pris mes marques. Vers neuf heures, me voilà donc lavée, –avec mon fameux savon solide– guitare sur le dos, livres dans la housse, je divague prêt à profiter du soleil du matin. Je reste là, posé sur l'herbe pendant plusieurs heures. Certains, intrigués, viennent m'écouter chanter, d'autres se baladent et me lancent des sourires. D'autres encore souhaitent se joindre à moi. Tel fut mon rituel, j'ai chaque jour réservé ce moment pour oxygéner mes pensées, sentir l'air et retrouver mes plus beaux souvenirs en grattant un air sur la guitare.

J'aurais voulu me noyer dans ses yeux plutôt que dans
mes propres larmes.

Rose-Aimée

Le soleil n'était parfois même pas levé lorsque Sarah me lançait des *tu dors ?* tandis que j'émergeais tout juste. *Non, je ne dors plus maintenant, banane* répondais-je, et la fanfare de rires commençait bien trop tôt en cette chambre 230. Il y avait des nuits avec et des nuits sans. Des soirs où le médicament était assez dosé, où l'on se promettait des choses à faire le lendemain. Puis il y avait des soirs où l'une de nous, voire, les deux pipelettes que nous étions, enchaînions des réflexions et questions philosophiques existentielles à des heures pas croyables. C'était au petit matin que nous renoncions donc au plan établi la veille, faute d'un sommeil bien trop peu reposant.

J'ai toujours eu tendance à m'endormir très tard, souvent la tête dans les pages du livre dans lequel j'étais plongée. Livre qui, d'ailleurs, se retrouvait à l'autre bout du lit avec des pages cornées lorsque j'émergeais aux aurores le lendemain matin. Je suis autant un oiseau de nuit qu'une lève-tôt, si l'on reprend les expressions courantes à ce sujet. Lorsque j'avais mon appartement, il m'arrivait de faire des siestes en journée, pour compenser le manque de sommeil, mais cela impliquait la négligence de certains cours de la classe préparatoire, avant que l'on ne me mette en arrêt complet.
Avant que l'on ne me mette en place un traitement pour dormir, mes premières nuits à la clinique furent déplorables, entre pleurs, cauchemars et dermatillomanie.

Il devait être tard dans la nuit lorsqu'une infirmière est venue fermer la porte des toilettes à clé. Me voyant toujours éveillée, lisant paisiblement mon petit Schnitzler sans aucune réaction face à l'illogisme complet de l'heure qu'il était, elle m'a donné le fameux « si besoin » et m'a laissé cinq minutes avant l'extinction complète de ma lampe liseuse.

Je pouvais dormir quand je le souhaitais, à condition de respecter les horaires des traitements, des repas et à être prête lors du surgissement d'un psychiatre dans la pièce –irruption aléatoire, nul ne sait à quelle heure ceux-ci passent.
Sarah, âgée de vingt ans, était l'enfant de la clinique, puisque du haut de mes dix-huit ans, j'étais le bébé. L'enfant s'endormait n'importe quand, suppliant le bébé insomniaque de jour comme de nuit de la ré-veiller au cas où le psychiatre se présenterait durant son sommeil, chose à laquelle j'ai veillé plusieurs fois en fait.

Vers seize heures, les adeptes du poulailler dont moi-même nous rejoignions, pour échanger fumée et po-tins. J'ai cessé de compter le nombre de fois où l'on m'a demandé ce que faisait ma voisine de chambre. *Elle est où encore, l'enfant ?* Disaient-ils ironique-ment, sachant bien évidemment où était ma copine de chambre.
Elle dormait, Sarah, elle dormait parce qu'elle était as-sommée par les médicaments, elle dormait pour récu-pérer le sommeil qu'elle n'a pas eu la chance d'avoir plus jeune, et puisqu'en dormant, le temps passe plus vite.
Et plus le temps passe, et plus la date de sortie de la clinique approche.

Diagnostiquée borderline,
mon amour, ne sois pas triste,
au coucher du soleil vient la musique
et s'endorment nos Maléfiques.

Trouble limite qui s'enflamme
unissons nos alters et âmes
Nous construirons des montagnes,
Montagnes russes, borderlines.

Charlotte

Mon enfance se déroulait dans un petit village pittoresque, niché entre mer et montagne, où le temps semblait s'écouler plus lentement. Les maisons en pierre aux toits de tuiles rouges bordaient des ruelles étroites et sinueuses, où les habitants se saluaient d'un simple geste de la main. Les journées étaient remplies d'aventures simples, mais inoubliables. Je passais des heures à explorer les forêts environnantes, où les pins majestueux offraient une ombre bienfaisante et où le chant des oiseaux composait une mélodie apaisante.

Chaque matin, le soleil se levait doucement, inondant le village de sa lumière dorée, et je m'éveillais au son des cloches de l'église qui résonnaient au loin. Les après-midi, je rejoignais mes amis sur la place centrale, où nous jouions à cache-cache autour de la fontaine ou organisions des parties endiablées de ballon. L'été, nous nous aventurions jusqu'aux rivières cristallines, où nous nous baignions avec insouciance, nos rires se mêlant au bruit de l'eau qui s'écoulait sur les rochers.

Les repas étaient des moments sacrés, rassemblant toute la famille autour de grandes tables en bois. Nous dégustions des plats préparés avec amour par nos grands-mères, utilisant des ingrédients frais du jardin ou des marchés locaux. Les saveurs de ces repas, imprégnées d'herbes aromatiques et de produits du terroir, restent gravées dans ma mémoire.

Le soir venu, nous nous retrouvions souvent autour du feu de camp, où les anciens racontaient des histoires et des légendes, leur voix douce et rythmée nous transportant dans des temps immémoriaux. Les étoiles, plus brillantes que jamais dans le ciel dégagé, nous observaient silencieusement, ajoutant une touche de magie à ces soirées.

Ainsi, mes journées se déroulaient entre nature et tradition, au sein d'une communauté dans laquelle chaque individu avait sa place et son importance. La simplicité de cette vie et la beauté des paysages environnants faisaient de mon enfance un véritable paradis, un souvenir chéri que je porte toujours en moi.

Comme submergée,
noyée par des cachets qui bloquent ce
trop plein d'émotions,
Je ne me sens plus
moi.

Une vague d'épuisement
m'entraîne,
m'enlise
dans les abysses.

Vais-je émerger,
sortir la tête de l'eau
et en sentir le froid, le sel ?

Tout n'est que brouillard
tempête
ouragan
qui cloue mon corps dans ces courants marins,
où le mouvement de l'eau n'effleure pas même
mon cœur.

Ariel

Sarah est partie telle un ouragan. Ma copine de chambre est partie en fin d'après midi, sur un coup de tête, contravis médical. Lorsque sa valise, son petit ami et elle ont tourné vers la sortie, j'ai senti les regards des patients sur moi. J'ai lu dans leurs yeux emplis de pitié des *va-t-elle s'en remettre ?* ou encore des *comment va-t-elle faire sans sa copine ?*

L'un deux l'a enfin lâché, le lendemain ;
– Alors, ce premier dodo sans ta siamoise, c'était comment ?

Je fus prise d'une quinte de toux cette nuit-là. Mon corps et mon esprit on en effet tendance à être en somatisation. Cela signifie que des émotions, telles que le stress, l'anxiété ou la contrariété, peuvent se manifester sous forme de symptômes physiques, tels que des maladies comme le rhume.
En bref, entre contrariété de son départ précipité et toux nocturne interminable, ce n'était pas un jour à plaisanteries.
J'ai envoyé chier le petit vieux à lunettes et je suis sortie fumer, Radiohead à fond dans les oreilles.

L'amour et la sagesse m'ayant été retirées,
je mêle mon art aux divinités ;
en empruntant les flèches d'Artemis
et le feu d'Héphaïstos éclaire mes vers,
tandis que les tremblements de ma mer intérieure
se mêlent aux chants d'Apollon.

Jeanne

– Jeanne, nous nous doutons que le monde grec vous fascine, mais sortez de la cité de vos songes !

Encore une fois, je m'étais endormie en plein cours. Ce que je détestais le jeudi matin ! Tout était monotone, les oisillons étaient à peine réveillés, les voitures se faisaient rares sur la petite route que j'empruntais pour gagner ma classe et chaque marche montée était bancale au possible. Mais cela était fascinant, car quelques heures après, tout s'animait là où le règne du silence était, et le jeudi soir est devenu un rituel plus ou moins alcoolisé, mais toujours fort appréciable, lorsqu'on est bien entouré.

Je ne sortais pas, avant. Avant, j'avais une peur bleue de l'alcool, je n'en buvais jamais lors des occasions. À force, j'étais la copine que l'on n'invitait plus parce qu'on savait qu'elle allait rester loin de l'ivresse des autres, dans son coin, une bonne partie de la soirée. Ils ont dit que c'était pour que je ne sois pas mal à l'aise, pour que je ne me sente pas mise à l'écart, lorsque j'ai évoqué cette disparition de toute invitation au moment où je ne buvais plus. Je ne peux démentir, je m'écartais toujours pour m'occuper loin de mes poivrots de compagnons, et sans me lancer des roses, c'est grâce à ces retraits que j'ai brillamment passé mon bac de français, à l'époque.

Avant, je buvais, après, j'ai cessé, car il buvait, puis j'ai repris tard après lui.
Dans les replis les plus intimes de mon âme, se cachent les souvenirs d'une relation marquée par les démons de l'alcool.

Hannah

Au début, c'était comme une échappatoire, un moyen pour lui de noyer les souvenirs douloureux qui hantaient ses nuits.
Les soirées étaient le théâtre de nos déchirures intérieures, de nos luttes silencieuses contre les fantômes du passé. L'alcool devenait son confident, son complice dans cette danse macabre où la douleur et l'ivresse se confondaient dans un tourbillon chaotique. Je me rappelle encore les nuits blanches à essayer de comprendre pourquoi l'homme que j'aimais se transformait en un étranger sous l'emprise de l'alcool. Ses paroles cisaillaient mon cœur déjà meurtri, réveillant les fantômes de mes propres traumas, créant un cercle vicieux de douleur et de désespoir.
J'ai tenté de lui offrir mon amour comme un baume sur ses blessures, de le guider vers la lumière au travers des ténèbres de son addiction. Mais mes efforts semblaient vains face à la puissance de cette dépendance qui le consumait, le dévorant de l'intérieur sans relâche.

Un jour, j'ai réalisé que je ne pouvais pas sauver quelqu'un qui ne voulait pas être sauvé, que je devais me sauver moi-même avant de pouvoir aider qui que ce soit d'autre. J'ai dû faire le choix déchirant de m'éloigner, de mettre un terme à cette relation toxique pour préserver ce qu'il restait de ma propre santé mentale et émotionnelle.
Aujourd'hui, je porte encore les cicatrices de cette bataille perdue. Je suis en quête de guérison, de rédemption, cherchant à panser mes propres blessures et à reconstruire un avenir où l'amour ne rime pas avec

souffrance, où les démons du passé ne dictent pas
notre destinée.
Je refuse de laisser l'alcool dicter le cours de ma vie,
alors je bois, sans lui, pour moi, pour nous, car ce que
cela était drôle, avant que le reste ne m'accable et que
le ciel ne me tombe sur la tête, ce qu'elles étaient
drôles, ces sorties tardives où l'on chantait jusqu'à ce
que se lèvent le soleil, puis la gueule de bois en cours
le lendemain et les épreuves de six heures avec l'alcool
dans le sang.
Non, je ne regrette aucune de mes sorties, elles sont
attendues impatiemment toute la semaine et le jour J
est toujours celui qui semble le plus long.

Alors à la mollesse, à l'aigreur du jeudi matin, nous
répondons gaiement vivement ce soir, et que viennent
ceux-ci et que se ramènent celles-là s'ils le souhaitent,
car tout le monde est attendu à la sortie des saltim-
banques.

Panacée de whisky, insidieux maestro des tourments,
Me forçait à jouer, orchestre des violences.
Entre ces notes, mes doigts prenaient une teinte,
Un bleu pâle, récit muet d'une douleur éteinte.

Dans l'obscurité de ces heures, l'euphémisme s'étire,
Masque d'une tristesse, d'une peine à décrire.
Le jeu imposé, une partition funeste,
Les stigmates de l'âme, une cruelle atteste.

La souffrance, pinceau cruel, teinte mon être d'ombres diffuses,
Un tableau d'agonie où la douleur s'amuse.

Rose-Aimée

Dès décembre, alors que l'hiver s'installait timidement, j'ai découvert un amour aussi doux que la caresse d'une première neige. Son nom était Louise, mais elle préférait Lou, un prénom aussi court et lumineux que son sourire. Nous nous sommes rencontrées tout à fait par hasard, à une fête étudiante du lycée. Nos regards se sont croisés au-dessus d'un verre que nous convoitions toutes les deux. Nos doigts se sont effleurés en saisissant le même gobelet, et c'est là que le destin a commencé à tisser les fils de notre histoire. Lou était une énigme délicieuse, une boîte à secrets que je brûlais de découvrir. Chaque rencontre était une plongée dans son univers, un mélange enivrant de passion et de douceur. Nos conversations étaient des voyages sans fin, des explorations intimes de nos pensées les plus profondes. Et puis un jour, dans l'éclat fragile d'une nuit étoilée, nos lèvres se sont effleurées timidement, explorant les contours inconnus de ce nouveau territoire qu'était l'amour saphique.

— Tu sais qu'il ne le faut pas, m'avait-elle dit
— On s'en fiche, avais-je répondu

C'était comme si le monde entier s'était tu pour laisser place à cette étreinte tendre et passionnée, à ce lien qui semblait transcender le temps et l'espace. Dès lors, chaque instant passé avec Lou était une étreinte précieuse, un doux murmure de bonheur dans le chaos du quotidien. Nous avons exploré ensemble les méandres de l'amour, découvrant chaque jour de nouvelles nuances de ce sentiment aussi vaste que l'univers lui-même.

Décembre a marqué le début de notre histoire, mais notre amour, lui, continuait de s'épanouir comme une tulipe délicate. Avec Lou à mes côtés, j'ai appris que l'amour n'avait pas de frontières, pas de limites, seulement la douce promesse d'une éternité à deux, dans la chaleur de nos étreintes et la tendresse de nos baisers.

La fin de notre amour était comme une pièce sombre dans un ballet de lumière, une dissonance dans une symphonie autrefois harmonieuse. Les jours se sont étirés en semaines, les semaines en mois, et quelque part entre les rires et les souvenirs, nos cœurs se sont éloignés. Les mots étaient comme des lames tranchantes, déchirant le tissu délicat de notre amour avec une brutalité déconcertante.

Lou avait besoin de partir, nos chemins devaient se séparer pour qu'elle puisse trouver sa propre voie. J'ai essayé de retenir ses mains qui glissaient entre les miennes, mais elles étaient déjà en train de s'échapper, emportant avec elles les fragments de ce coquelicot qui n'allait plus éclore.

La douleur de la fin était comme une lame enfoncée profondément dans ma poitrine, chaque battement de mon cœur faisant écho à la souffrance qui me consumait de l'intérieur. Les larmes coulaient comme une cascade, emportant avec elles les souvenirs doux-amers de notre amour perdu.

La fin de notre amour a laissé un vide béant dans mon cœur, une cicatrice profonde qui refuse de se refermer complètement.

Et si l'amour est éphémère, je compte bien en vivre
chaque seconde,
enlacer ta main dans la mienne jusqu'à ce que la nuit
tombe.
Si notre amour finit poussière, il ne tombera pas dans
l'ombre,
il s'envolera dans les airs, poursuivant la quête de
l'amour.

Ariel

Je dois avoir une malédiction avec les salles de bains. Dans ma nouvelle chambre, la douche et son bac dispersent de l'eau partout au sol, même en se collant contre la paroi. J'ai horreur de déposer mes pieds sur ce tapis mouillé, et enfiler les chaussettes n'y change rien ; la pièce reste inondée. Maïa, ma voisine de chambre, tente en vain d'étendre le tapis après chaque douche, mais celui-ci semble ne pas vouloir sécher, il reste imbibé d'eau malgré les efforts fournis pour le libérer. Serait-ce alors une métaphore filée ? Un étage plus haut, Sarah et moi effectuions toujours un saut stratégique entre le receveur et le carrelage moquetté semblable à un pédiluve,- il nous était inconcevable de poser le moindre orteil sur cette plate-forme, persuadées que cette chose était infestée de verrues- et c'est à ce moment-là que nous avons investi dans un tapis de douche.
Dans mon appartement d'étudiante, la douche était bien plus pratique. La salle de bain n'était pas immense, mais par rapport à d'autres, elle était plutôt bien foutue.

Mais j'ai passé d'abominables moments dans cette salle de bain ; des heures entières à découper des rasoirs et à récupérer des lames en tout genre, à me suturer seule et à soigner mes plaies jusqu'à m'en évanouir de douleur. C'est dans cette même salle de bain que l'on m'a retrouvée, allongée au sol le cœur au point mort. Parfois, il m'arrive de regretter que l'on ait réussi à me réanimer, et c'est dans ces instants-là que je réalise que je ne suis pas guérie, que le « ça », « borderline » s'empare du clavier et met à l'écrit les pulsions.

Jeanne

Cela me fait penser à l'inconscient freudien étudié en philosophie au lycée. Nous n'avons pas accès à l'inconscient, mais il s'exprimerait par les pensées, lapsus, actes manqués ou encore, par des rêves. Sa force dynamique agit sur nous dans l'apparition de symptômes pathologiques dont nous n'avons pas accès. La théorie de l'inconscient freudien découle de son postulat selon lequel l'homme serait un être fondamentalement destructeur. Mais évoluant dans une société où il y a des interdits, les pulsions sont intériorisées et refoulées : c'est la théorie du refoulement. Ce qui définit le psychisme serait alors un conflit permanent entre les instances qui constituent le moi. Si l'on reprend, le « surmoi » est le gendarme intérieur du « ça », mais mon « ça » n'arrive plus à être refoulé, il remonte à la surface et agit sans l'accord de mon « moi », causant des dégâts dans la réalité intérieure comme extérieure.

Et au lever du jour, les paroles me déchirent,
tournent les bruits de fond, ils ne veulent pas finir.
Et je joue bien plus fort pour camoufler le bruit,
car dans l'aube d'un soir, j'ai cru me voir partir.
Mais quand pourrais-je enfin retrouver ma vraie voix ?
Les pétales du temps sombrent avec moi.

Maléfique

Pendant quelques secondes, je n'étais plus là, mon cœur a cessé de battre pour de bon. Je revois juste avant cela mon corps trembler et s'écorcher contre les murs tandis que je me traînais tant bien que mal pour ouvrir ma porte d'entrée. Cette sensation de perte de contrôle total du corps, la tension grandissante qui raidit les muscles, le flou, le vide ; sentir la fin.

- Combien ? Demandent en chœur les amis, la famille et les médecins depuis.
- Combien de cachets, tu as avalé ? Je n'en sais rien, je ne sais plus, pas tellement ou peut-être trop en fait. Une dizaine, des plaquettes entières de cachetons bien trop puissants pour mon corps affamé et déjà bien endommagé.
J'avais déjà fait cela auparavant, mais en dosant de façon à me réveiller –certes engourdie et incapable de sortir de mon lit pour aller en cours– mais vivante le lendemain. Seulement, il a fallu que je décide impulsivement qu'une goûte d'alcool ne me ferait pas de mal, au contraire, que cela me ferait du bien, m'aiderait à entrer en un sommeil éternel.
La clope au bec, bourrée et lobotomisée, j'ai simplement pleuré avant de faire mes adieux.
Mais à l'inverse des fois précédentes, j'étais certaine que ce n'était pas un "sait-on jamais", mais un véritable "au revoir" que je laissais par message.

C'est dans cette fichue salle de bain que ça a dérapé. J'ai disjoncté, mon cœur a cessé d'être et ce fut le flou total.

Un peu bourrée devant le ciel,
j'ai déposé ma douleur au creux de ses mains
et la sirène m'a sauvée.

Tandis que je pensais que tout était terminé,
que l'éréthisme en moi allait me faire couler,
ses mots ont apaisé mes maux.

Ce que nous ignorions,
c'est que survivre n'était pas dans mes plans.

Alors je ne cesse de ré-apprendre à nager,
à rire et à aimer
comme elle le fait si bien.

Jeanne

Lorsque j'arrivais à la faire rire, mon sourire n'était que plus grand encore. C'était si simple, qu'elle me dégage un sourire, un subtil ricanement dû à ses anecdotes, drôles de péripéties délirantes et captivantes à souhait. Elle racontait ses histoires avec une telle passion que je ne pouvais m'empêcher de me laisser emporter par ses récits. Ses yeux pétillaient de malice, et sa voix rendait chaque moment passé en sa compagnie précieux.

Au bar, nous trouvions toujours un coin tranquille où nous pouvions discuter sans être dérangées. Les heures défilaient sans que nous ne nous en rendions compte. Elle commandait souvent son demi bien frais, et moi, je prenais un simple soda, autrement, nous connaissions les ravages d'un seul verre en mon corps. Nous levions nos verres en riant, trinquant à nos petites victoires et à nos rêves partagés.

La chaleur de sa présence apaisait toutes mes inquiétudes. Elle me racontait ses souvenirs d'enfance, ses amours passées et ses espoirs pour l'avenir. Chaque mot prononcé avec une douceur et une sincérité qui me touchaient profondément. Nous parlions de tout et de rien, et chaque conversation semblait plus précieuse que la précédente.

Sa gentillesse et sa générosité m'inspiraient chaque jour un peu plus. Elle avait ce don de rendre les moments ordinaires extraordinaires, de transformer les petits plaisirs de la vie en souvenirs inoubliables. Elle me disait fréquemment que le bonheur se trouvait dans les choses simples, et je ne pouvais qu'acquiescer en l'écoutant.

Le temps passé avec elle était un trésor inestimable.
Nous partagions des fous rires, des confidences et des
silences complices. Elle était bien plus qu'une amie ;
elle était ma maman de cœur.

Les roses sont rouges, le ciel est bleu,
tu as plongé dans mes yeux.
L'eau est glacée, mon cœur un peu,
mais lorsqu'on riait tout allait mieux ;
tu respirais pour deux.

Sirène des songes se prête au jeu,
dommages et risques garantis.
Il faudra se laisser partir
avant que la vague de ne te déchire.

Il me faut regagner ma mère,
Grand bleu
Ses bras me protégeaient.
J'ai perdu mon repère, ma bouée,
Regardez dans ma marée
Je ne veux pas nous voir couler.

Ariel

Ce jour-là, ce ne fut pas comme d'habitude, une brûlure à la douleur instantanée provoquée par mon propre mégot. Non, envoyer ce message fut plus douloureux que tout, ce fut comme m'immoler entièrement, et ce, de mon plein gré. Je pris une profonde inspiration avant de taper les derniers mots du message. Mon cœur battait la chamade, chaque pulsation résonnant comme un tambour dans ma poitrine. Je relus le message une dernière fois, mes doigts tremblants au-dessus du bouton d'envoi.

Les jours qui suivirent furent emplis de silence et de vide. Je ressentis une lourdeur dans mon être, une mélancolie qui me collait à la peau. J'essayais de me distraire, de remplir le vide laissé par son absence avec des activités, des sorties, mais rien n'y faisait. Le bar, qui avait été notre sanctuaire, devint un lieu de souvenirs douloureux, chaque recoin rappelant les moments partagés, les rires échangés.

Sigmund

Peu à peu, j'appris à vivre sans elle. Chaque jour était une bataille pour reconstruire mon identité, pour redéfinir qui j'étais. Lentement, je reconstruisis ma vie, pierre par pierre, avec la détermination de quelqu'un qui a touché le fond et n'a d'autre choix que de remonter à la surface.

Le chemin fut long et semé d'embûches, mais au fil du temps, je sentis la douleur s'estomper, remplacée par une nouvelle résilience. J'avais appris à me connaître, à reconnaître mes limites et à prendre soin de moi. Cette expérience, bien que douloureuse, m'avait permis de grandir, de devenir plus forte.

Et ainsi, la vie continua, avec ses hauts et ses bas, ses joies et ses peines. Mais désormais, je savais que je pouvais affronter n'importe quoi, car j'avais survécu à la perte de ce qui me semblait irremplaçable.

Je cherche dans ses yeux, mais je trouve que le vide,
Son amour endormi, dans un monde aride.
Dans l'océan de ses songes, je me perds sans guide,
Sur les terres désolées où notre histoire s'effrite.

Je lui tends la main, mais elle reste impassible,
Comme une rose fanée, son amour, invisible.
Les souvenirs s'estompent, dans l'ombre de la nuit,
Comme des étoiles mourantes, dans un ciel sans bruit.
Je tente de raviver la flamme qui s'ennuie,
Mais même les étincelles semblent fuir loin d'ici.

Anesthésiée à mes sentiments, elle fuit toute présence
Dans l'esthésie de son être, je me heurte à son silence,
Je tente de la ramener à la vie, dans ce simple chant
Mais dans son monde sans émoi, je perds toute espé-
rance.

Hannah

L'une des rares choses appréciées en cette clinique fut le coin guitare. Nous avions surnommé ainsi notre petit coin d'herbe isolé où presque personne ne venait, ci-ce-n'est nous, les musiciens en herbes. J'ai toujours aimé la nature, je m'y suis toujours bien sentie. Je me nourrissais essentiellement de bouts de fenouil sauvage, ce qui faisait rire le groupe, mais qui servait en réalité à combler les plateaux repas que je renvoyais directement à l'expéditeur. Cela servait de thérapie de groupe, nous étions peu nombreux, mais voix, accordéon et guitare s'entendaient assez bien, et nous fûmes maintes fois complimentés par les passants.

Un jour, j'ai tenté de descendre plus bas, de dévaler cette colline en pente pour voir ce qui se trouvait derrière. Je me suis cassé la figure, j'ai chuté dans la végétation, puis ce muret empli de lierre a attiré mon attention, ainsi que son amandier planté juste à côté. J'y ai vu une sorte d'échappatoire, un endroit abrupt à l'abri des regards et de la vie en général. Oui, c'était devenu mon coin à moi. J'y suis revenu plusieurs fois, mais toujours seule, veillant à ce que l'on ne trouve pas mon coin, mon jardin secret. J'ai lu, écrit, fumé et chanté sur ces lierres, jusqu'au jour où, en déplaçant un rocher, j'ai découvert un morceau de verre.

Je ne suis pas retournée à ma cachette buissonnière pendant un temps, le temps d'oublier ce qui se trouvait non loin de moi, le temps d'oublier que j'avais à portée de main de quoi tout gâcher.

A fleur de
peau
mais pas aussi délicate que la tulipe,
la pivoine
ou la fleur d'oranger.
Plutôt saveur épine
de rose
fraîchement cueillie
et qui au soir se fane

Elle et son parfum d'amour
s'éteignent
et moi avec.

Rose-Aimée

Les amitiés créées en hospitalisation existent-elles en dehors de la clinique ?
Les infirmiers nous rabâchent à longueur de journée de ne pas s'attacher aux autres patients, de ne se concentrer que sur nous-même jusqu'à en devenir narcissique.
La dépendance affective est difficile à vivre au sein de la clinique parce que finalement, peu importe l'âge, nous devenons assez proches et avons nos petites bandes à part. Lorsque l'une de ces personnes s'en va, c'est comme un monde qui s'effondre. Ce fut le cas pour Sarah, où je suis restée trois jours enfermée dans ma chambre, et est venu le tour d'Astrid. En ce sens, nous entendons les psychiatres lorsqu'ils nous recommandent de ne pas s'attacher ; cela fait mal, et c'est souvent celui qui part qui souffre plus que celui qui reste, en fin de compte.

J'ai parfois eu tendance à me sentir nocive, toxique pour les autres. J'ai toujours eu l'impression que les autres disparaissaient de ma vie sur un coup de tête, puis j'ai compris que le départ n'était qu'une marque de ma propre peur de la solitude.
Astrid est partie au bout de trois semaines, mais le lien tissé entre ces murs gris ne change rien à l'affection réciproque que nous nous portions toutes deux. Seulement, il fallait désormais apprendre à avancer l'une sans l'autre, parce que la vie marche ainsi.
Il y a de belles rencontres comme Sarah et Astrid qui auront marqué mon hospitalisation, mais je sais à présent que si le temps vient à nous éloigner, cet amour demeurera dans ce cadre de la clinique.

Je ne suis qu'un objet solitaire
un sourire éphémère
Je suis de nouveau morte hier
cette nuit de décembre.

Entends-tu moi chanter, ou bien appeler à l'aide ?
Qu'ils viennent me soigner
Je sens que mon âme se perd
face au retour de la méduse.

Hannah

Elles me faisaient honte, ces cicatrices, toujours plus grandes, plus nombreuses et plus profondes les unes que les autres. Elles ne passaient pas inaperçues, et le fait que je sois la plus jeune avait donné aux autres le droit de me dénigrer. Mes cicatrices visibles limitaient tout débat quant à la présence de cet "enfant" parmi les adultes. C'étaient dans ces moments-là que je me sentais simplement vidée de toute émotion, n'osant aller vers les infirmières en cas de besoin, me complaisant dans ma tristesse.

Quelque chose me poussait à m'éloigner des autres, et cette chose n'était que moi-même. J'avais l'impression qu'il était trop tard pour me sauver, les médicaments et les thérapies semblaient impuissants. C'était moi seule qui avais ce pouvoir de guérison. Et j'aimais voir mon corps changer, tremblant comme une feuille, ce corps à bout de souffle et abîmé jusqu'à tomber encore et encore. Ce sentiment de vide intérieur, la faim qui rongeait mon être. J'aimais me défier, je multipliais mes efforts. Elles étaient toujours plus nombreuses, toujours plus profondes. Car j'en perdais le contrôle, comme dépossédée de toute raison.
Et j'en pleurais parfois, car la douleur était intense. De temps en temps, il m'arrivait de demander de l'aide, c'était peut-être une dernière once d'espoir qui surgissait de temps en temps, dans ces moments-là. On m'aidait, on me parlait, on me faisait rire, on m'embrassait. Mais c'était un appel à l'aide d'une aide que je ne voulais pas. C'est ainsi que du jour au lendemain, je disparaissais, avant qu'ils ne le fassent d'eux-mêmes.

Sigmund

Pourtant, il y a eu un tournant inattendu dans cette sombre danse. Peu à peu, j'ai commencé à comprendre que chaque cicatrice, chaque marque sur mon corps, racontait une histoire, une bataille menée, une victoire, même si elle semblait amère. Elles étaient les témoins d'une lutte intérieure, une preuve que malgré tout, je survivais.
J'ai appris à regarder mes cicatrices non plus comme des stigmates de honte, mais comme des traces de ma résilience. Chaque jour, je me suis rapprochée un peu plus de l'acceptation de moi-même, de cette part de mon histoire que je ne pouvais effacer, mais que je pouvais transformer. La douleur, bien que toujours présente, devenait un enseignement. Elle me rappelait que je pouvais changer, que je pouvais guérir. J'ai réalisé que la véritable force résidait dans la capacité à se relever, à affronter ses défis et à s'accepter pleinement, avec ses faiblesses et ses blessures. C'était un long chemin, parsemé d'embûches, mais chaque pas, chaque petit progrès me rapprochait de la paix intérieure.

Alors, plutôt que de me cacher derrière mes cicatrices, j'ai décidé de les embrasser.
Elles étaient une part de moi, mais elles ne me définissaient pas. J'appris à me regarder avec bienveillance, à apprécier la personne que j'étais en train de devenir. Car au-delà de la douleur et des épreuves, il y avait la possibilité d'une nouvelle vie, plus douce, plus sereine. Et cette acceptation de moi-même devenait la clé de ma guérison.

Les vagues dansent,
s'évanouissent en douceur.
Sur le sable,
leur éclat se meurt
Mais dans leur adieu, une promesse résonne,
reviennent en murmures,
l'océan pardonne

Je ne sais plus trop bien où j'en suis, mais si j'ai un
rêve, c'est bien celui d'être écrivaine, poétesse, compo-
sitrice, et tout ce qui me permettrait de piocher dans
cette sensibilité qui est mienne, pour toucher au plus
profond de chaque cœur.

Les constellations sur ses mains,
sont des cicatrices de ses peines.
Elle est l'étoile solitaire et lointaine,
cherchant la lumière dans la nuit incertaine.